# Selma Meerbaum-Eisinger

# Blütenlese

Gedichte



Herausgegeben von
Markus May

Reclam

RECLAMS UNIVERSAL-BIBLIOTHEK Nr. 19059
2013, 2024 Philipp Reclam jun. Verlag GmbH,
Siemensstraße 32, 71254 Ditzingen
Durchgesehene und bibliographisch aktualisierte Ausgabe
Gestaltung: Cornelia Feyll, Friedrich Forssman
Druck und Bindung: Esser printSolutions GmbH,
Untere Sonnenstraße 5, 84030 Ergolding
Printed in Germany 2024

ISBN 978-3-15-019059-3

www.reclam.de

Meerbaum-Eisinger | Blütenlese

# Inhalt

Rote Nelken



Sterne



Fahnen

## Wilder Mohn



## Schlafmohn

## ANHANG

# DER BLÜTENLESE ERSTER TEIL

## Lied

Heute tatest du mir weh.
Rings um uns war Schweigen nur,
Schweigen nur und Schnee.
Himmel war, nicht wie Azur,
blau jedoch und voll mit Sternen.
Windeslied erklang aus fernsten Fernen.

Heute warst du mir ein Schmerz.
Häuser waren da, so weiß verschneit,
alle in des Winters Kleid.
Ein Akkord in tiefer Terz
war in unsrer Schritte Klang.
Bahnsirenen heulten lang …

Heute war es wunderschön.
Schön wie tiefverschneite Höh'n,
eingetaucht im Abendglutenring.

Heute tatest du mir weh.
Heute sagtest du mir: geh!
Und ich – ging.

25.12.1939

# Apfelblüten

## Farben

So blau liegt es über dem schneeweißen Schnee
und so schwarz sind die grünen Tannen,
daß das ganz leise hinhuschende Reh
so grau ist wie nie beendbares Weh,
das man doch so gern möchte bannen.

Schritte knirschen in Schneemusik
und Winde stäuben die Flocken zurück
auf die weiß überschleierten Bäume.
Und Bänke stehen wie Träume.

Lichter fallen und spielen mit Schatten
unendliche Ringelreihen.
Die fernen Laternen blinken mit mattem
Schein, den vom Schneelicht sie leihen.

18.12.1939

## Kristall

Ganz still. Und viele welke Blätter liegen
wie braunes Gold, in Sonne eingetaucht.
Der Himmel ist sehr blau,
und weiße Wolken wiegen.
Ein heller Frost den Reif auf Bäume haucht.

Die Tannen stehen frisch und grün,
und ihre Wipfel zeigen in die Luft.
Und rote Buchen schlank und kühn
hör'n auf den Adler, dessen Flug sie ruft,
und steigen immer höher himmelan.
Einsame Bänke stehen dann und wann
und auch ein bißchen Gras, schon halb erfroren –
die Sonne hat's zu ihrem Liebling auserkoren.

8.12.1940

## Den gelben Astern ein Lied

Sie blicken durch den Regen hell mich an
so licht, daß sie die Sonne mir ersetzen.
Und gar nichts von des Regens Trauer kann
die leuchtend gelbe Freude mir verletzen.
Auflachend neigen sie sich in dem Grün,
das rein und frisch ihr Lachen mir begleitet –
ich leg' ihnen mein Lied zu Füßen hin,
weil sie mir eine Freude heut bereitet.

30.6.1941

# Dunkler Flieder

## Kastanien

Auf dem glatten hellen Wege
liegen sie, verstreut und müde,
braun und lächelnd wie ein weicher Mund,
voll und glänzend, lieb und rund
hör' ich sie wie perlende Etüde.

Wie ich eine nehme und in meine Hand sie lege,
sanft und zärtelnd wie ein kleines Kind,
denk' ich an den Baum und an den Wind,
wie er leise durch die Blätter sang,
und wie den Kastanien dieses weiche Lied
sein muß wie der Sommer, der unmerklich schied,
nur als letzten Abschied lassend diesen Klang.

Und die eine hier in meiner Hand
ist nicht braun und glänzend wie die andern,
sie ist matt und schläfrig wie der Sand,
der mit ihr durch meine Finger rollt.
Langsam, Schritt für Schritt, wie ungewollt
lass' ich meine Füße weiter wandern.

23.9.1939

## Welke Blätter

Plötzlich hallt mein Schritt nicht mehr,
sondern rauschet leise, leise,
wie die tränenvolle Weise,
die ich sing', von Sehnsucht schwer.
Unter meinen müden Beinen,
die ich hebe wie im Traum,
liegen tot und voll von Weinen
Blätter von dem großen Baum.

24.9.1939

## Stille

Im Zimmer schwebt die Stille und die Wärme,
ganz wie ein Vogel in durchglühter Luft,
und auf dem schwarzen kleinen Tische
liegt still das Deckchen, dünn und zart wie Duft.
Das Glas mit klarem Wasser, wie ein Traum,
wacht, daß das Glöckchen neben ihm nicht lärme
und wartet scheinbar auf die kleinen Fische.
Die rote Nelke dämmert in den Raum,
als wäre sie dort Königin.

Die ganze Stille scheint für sie zu sein,
und nur die Flasche mit dem süßen Wein
blinkt still und wie befehlend zu ihr hin.
Sie aber schwebt auf ihrem grünen Stengel,
dünn wie im Kindertraum das Kleid der Engel
und ihr betäubend süßer Duft lullt ein,
als wollt' er aus dem Märchenschlaf Dornröschen rauben.

Die Fenster blicken auf die Straße und sie glauben,
daß dort sei alles nur für sie getan.
Der Spiegel glänzt und in ihm tickt die Uhr,
ganz weit im fernen Dorfe kräht ein Hahn,
und die Gardinen bändigt eine blaue Schnur.
Die Nelke mit den zarten roten Spitzen
harret des Sonnenstrahls, der durch die Ritzen
ihr heut ein Kleid aus Goldstaub angetan.

24.10.1939

## Spaziergang

... so viele Hühner und ein kleiner weißer Hund
und Himmel, der so farbenfroh und bunt –
der kahle Baum wirkt so gespensterhaft
und graue Häuser wie ganz ohne Kraft ...
Ganz kleine Regenperlen hängen an den Zweigen
und ferne Berge sind getaucht in großes Schweigen.

Die Felder sind nur dunkelbraune Schollen
und hie und da ein bißchen gelbes Grün
und kleine Spatzen, dumm und frech und kühn,
laufen darüber hin wie Kinder welche tollen ...
Ganz fern die Stadt mit ihren vielen Türmen,
mit Häusern, welche licht und froh hinstürmen,

ist wie ein altes Bild aus einem Märchen.
Die Luft ist leis und voll von Sehnen,
so daß man wartet auf die blauen Lerchen
und fahren möchte in ganz schlanken Kähnen.

Hier stehen weiße Astern, weiß und rein,
und da ein Krautkopf, jung und klein.
Sie sind wie ein vergeßner Sonnenschirm
mitten auf tief verschneiten Straßen.
Ein Hase, der vorbeiläuft, kann sich gar nicht fassen:
es scheint, es würde Sommer wieder sein.

29.11.1939

## Welkes Blatt

Auf der halbvergilbten Seite
liegt das dünne, gelbe Blatt,
liegt es traurig, zart und matt
wie ein Tränenblick ins Weite.
Und der Stengel ist so biegsam zart,
daß man fast des dünnen Kleides harrt,
das diese Gestalt bekleiden soll.

Und das Blatt ist wie ein Lied in Moll,
weil es an den Herbst gemahnt,
wie ein Kind, das traurig ahnt,
daß es krank ist und bald sterben soll,
ganz so süß und voll verhaltnem Weh …
So ist auch der letzte Schnee …

1. 2. 1940

## Der Kelch

So steht er da: so blitzend und so schlank
wie eine nackte Jungfrau, die dem Meer entstiegen,
und seine Lichter tanzen, drehen, wiegen
so hell wie tausend Schlittenglöckklingklang,
Das Glas ist kühl und glatt wie Frauenhände,
die, über Tasten schwebend, spielen die Legende
vom Prinzen, welcher mit dem Drachen rang.

1. 2. 1940

## Frühling

Sonne. Und noch ein bißchen aufgetauter Schnee
und Wasser, das von allen Dächern tropft,
und dann ein bloßer Absatz, welcher klopft,
und Straßen, die in nasser Glattheit glänzen,
und Gräser, welche hinter hohen Fenzen
dastehen, wie ein halbverscheuchtes Reh …

Himmel. Und milder, warmer Regen, welcher fällt
und dann ein Hund, der sinn- und grundlos bellt,
ein Mantel, welcher offen weht,
ein dünnes Kleid, das wie ein Lachen steht,
in einer Kinderhand ein bißchen nasser Schnee
und in den Augen Warten auf den ersten Klee –

Frühling. Die Bäume sind erst jetzt ganz kahl
und jeder Strauch ist wie ein weicher Schall
als erste Nachricht von dem neuen Glück.
Und morgen kehren Schwalben auch zurück.

7.3.1940

## Nachmittag

Dünne Zweige wie weltferne Schleier
ranken sich aus schlanken Birkenstämmen
und die Stille, wie bei einer Feier,
ist, als wollte sie den blauen Himmel dämmen,
daß er nicht zu weit ins Vogelsingen sich ergieße.
Braune nasse Wege. Und ein erblühter Baum
ist so, als ob die Erd' er neu erschließe.

Grüne Gräser sprießen kaum.
Alle Tannen sind ganz neu ergrünt
und ein dünner, gelber Falter sich erkühnt,
sich auf eine sonnentrunk'ne Bank niederzulassen.
Einer grünen Fliege will das gar nicht passen:
Ist die Sonne nicht für sie allein?
Nur die Schlehdornspitzen wispern leise: Nein!

16.4.1940

## Spätnachmittag

Lange Schatten fallen auf den hellen Weg
und die Sonne schickt noch letzte Abschiedswärme
und das dünne Zwitschern eines Vogels ist, als ob es lärme
und als stehl' es etwas von der Stille weg.
Menschen auf zehn Schritt Entfernung
sind wie aus ganz andern Welten
und fast möchte man die welken Blätter schelten,
daß sie rascheln und die letzten Sonnenstrahlen stören.
Und man möchte nur die Veilchen wachsen hören.

16.4.1940

## Regen

Du gehst. Und der Asphalt ist plötzlich naß
und plötzlich ist das Grün der Bäume neu
und ein Geruch wie von ganz frischem Heu
schlägt dir in dein Gesicht, das, heiß und blaß,
auf diesen Regen wohl gewartet hat.

Die Gräser, welche staubig, müd und matt
sich bis zur Erde haben hingebeugt,
sehen beglückt die Schwalbe, welche nahe fleugt,
und scheinen plötzlich stolz zu sein.

Du aber gehst. Gehst einsam und allein
und weißt nicht, sollst du lachen oder weinen.

Und hier und da sind Sonnenstrahlen, welche scheinen,
als ginge sie der Regen gar nichts an.

Mai 1940

## Abend

Der Himmel ist vom hellsten Blau
und weiße Wolken lächeln mit ihm.
Und schlanke Bäume, dunkel oder grün,
sehen dich an und sagen lautlos: schau!

Alles ist eingehüllt in weiche Luft,
die still ist, so als ob sie einem Märchen lausche.
Und alle Vögel horchen wie im Rausche –
man hört nur Duft.

Die weißen Wolken blinken wie der Schnee,
der auf Vergißmeinnicht gefallen ist.
Und ganz so blau liegt auch das weiche Weh,
das sich über die Bäume gießt.

Und – sind die Bäume dunkel oder grün?
Sie wissen es wohl selber nicht genau.
In einem Fenster zittert aus dem Blau
ein Tropfen Rot. Sie blühn.

14.7.1941

## Abend

Wie eine Linie dunkelblauen Schweigens
liegt fern der Horizont, von weichem Rot umsäumt.
Die Wipfel schaukeln leis wie 'm Banne eines Reigens,
das Licht ist wie im Märchen, sanft und blau verträumt.
Der Himmel ist noch hell, noch sieht man kaum die Sterne,
die Luft ist kühl und weich wie eine Frauenhand
und süße Melodie dringt aus der fernsten Ferne:
Musik einer Schalmei, zauberhaft, unbekannt.

12.7.1941

# Nachtschatten

## Trauer

Lichter spiegeln sich in schmutzig-nassen Pfützen,
gelb und fettig, schmutzig auch und schwer.
Helle Häuserfenster können gar nichts nützen.
Tore hallen hehr und leer.

Liegt der Nebel müde auf den Straßen
und der Regen rinnt und rinnt.
Menschen sind zu traurig, um sich noch zu hassen,
und es hüstelt irgendwo ein Kind.

In den Gärten liegen halbverfaulte Blätter,
stehen Bänke, traurig, naß und grau,
kommt die Sonne immer seltener und später,
nimmt's der Mond mit Scheinen nicht genau.

Dringt das halbe Tageslicht noch durch den Nebel,
trüb und grau und klebrig schwer.
Klirrt die Wache schläfrig mit dem Säbel
und ein nasser Vogel zittert sehr.

Stehen dürre, hungerige Pferde
dampfend da, mit müden Augen.
Ganz durchweicht, verstreut auf nasser Erde,
kann der Hafer nicht mehr taugen.

An der moderigen Mauer
eine nasse Katze schleicht.
Mit hervorgekehrtem Pelz ein Bauer
schaut, ob ihm das Geld noch reicht.

6.12.1940

## Sehnsuchtslied

Leise schlägst in deinem Lied du einen Ton an –
und dir ist, als fehlte noch etwas.
Und du suchst verwirrt bei allen Tönen,
ob sie dir nicht sagen können,
wo's zu finden, wo und wie und wann …
Doch der eine ist zu blaß
und zu lüstern ist der zweite
und der dritte ist so voll mit Weite –
viel zu voll.

Du suchst lange – Moll und Dur und Moll
werden lebend unter deinen Händen.
Und dann – schlägst du plötzlich eine Taste an,
und – es kommt kein Ton.
Und das Schweigen ist dir wie ein dumpfer Hohn,
denn du weißt es plötzlich ganz genau:
Dieser fehlt dir. Wenn ihn deine Hände fänden,
fiele ab von deinem Lied der Bann,
wär' das Ende nicht mehr leer und grau.

Und du rührst und rührst die Taste –
fragst dich, wo hier wohl die Hemmung liegt,
suchst, ob nicht doch deiner Hände Weiche siegt,
deine Augen betteln voll Verlangen.
Kein Ton kommt. Einsamkeit bleibt nun zu Gaste
in dem Lied, das dir so schwer und süß gereift.
Um den ungespielten Ton wirst du nun ewig bangen,
bangen um das Glück, das dich nur leicht gestreift
in den leisen Nächten, wenn der Mond dich wiegt
und die Stille deine Tränen nicht begreift.

9.1.1941

## Schlaflied für mich

Ich wiege und wiege und wiege mich ein
mit Träumen bei Tag und bei Nacht
und trinke den selben betäubenden Wein
wie der, der schläft, wenn er wacht.

Ich singe und singe und sing' mir ein Lied,
ein Lied von Hoffnung und Glück,
ich sing' es wie der, der geht und nicht sieht,
daß er nimmermehr gehn kann zurück.

Ich sage und sage und sag' mir die Mär,
die Mär vom Liebesgeflecht,
ich sage sie mir und glaub' doch nicht mehr
und weiß doch: das Ende ist schlecht.

Ich spiele und spiele mir die Melodei
der Tage, die nicht mehr sind,
und mache mich von der Wahrheit frei
und tue, als wäre ich blind.

Ich lache und lache und lache mich aus
ob dieses meines Spiels.
Und spinne doch Träume, so wirr und so kraus,
so bar eines jeden Ziels.

Jänner 1941

## Du, weißt du …

Du, weißt du, wie ein Rabe schreit?
Und wie die Nacht, erschrocken bleich,
nicht weiß, wohin zu fliehn?
Wie sie verängstigt nicht mehr weiß:
Ist es ihr Reich, ist es nicht ihr Reich,
gehört sie dem Wind oder er ihr,
und sind die Wölfe mit ihrer Gier
nicht zum Zerreißen bereit? ..

Du, weißt du, wie der Wind schrill heult,
und wie der Wald, erschrocken bleich,
nicht weiß, wohin zu fliehn?
Wie er verängstigt nicht mehr weiß:
Ist es sein Reich, ist es nicht sein Reich,
gehört er dem Regen oder der Nacht
und ist der Tod, der schauerlich lacht,
nicht sein allerhöchster Herr?

Du, weißt du, wie der Regen weint?
Und wie ich geh', erschrocken bleich,
und nicht weiß, wohin zu fliehn?
Wie ich verängstigt nicht mehr weiß:
Ist es mein Reich, ist es nicht mein Reich,
gehört die Nacht mir, oder ich, gehör' ich ihr,
und ist mein Mund, so blaß und wirr,
nicht der, der wirklich weint …?

4.3.1941

## Märchen

So. Und das ist wahrscheinlich der Schluß.
Der Regen weint und es weint die Nacht
und es weint mein Mund um einen Kuß
und weint und weint – und lacht.

So geht wohl jedes Märchen aus,
denn sonst – ist es nicht wahr:
Einer allein in den Wind hinaus
und die Nacht ist sein Altar.

Und die Sehnsucht ist seine Priesterin.
In einem großen, blauen Kleid
kniet sie zu seinen Füßen hin
und ist so weit ... so weit ...

So weit wie meine Augen sind –
verloren in einem Wald,
spielen sie blind und tot mit dem Wind,
und ich – bin müd und kalt.

Die Wege sind so endlos lang.
Und meine Tage sind es auch
und allen Bäumen wird so bang.
Verregnet jeder Strauch.

Ich gehe mit der Nacht vereint
und bin so einsam wie sie.
Der Regen weint und der Wind weint –
um mich – oder um sie?

7.3.1941

## Ich bin der Regen

Ich bin der Regen und ich geh'
barfuß einher, von Land zu Land.
In meinen Haaren spielt der Wind
mit seiner schlanken braunen Hand.

Mein dünnes Kleid aus Spinngeweb'
ist grauer als das graue Weh.
Ich bin allein. Nur hie und da
spiel' ich mit einem kranken Reh.

Ich halte Schnüre in der Hand,
und 's sind auf ihnen aufgereiht
alle die Tränen, welche je
ein blasser Mädchenmund geweint.

Sie alle habe ich geraubt
bei schlanken Mädchen, spät bei Nacht,
wenn mit der Sehnsucht Hand in Hand,
sie bang auf langem Weg gewacht.

Ich bin der Regen und ich geh'
barfuß einher, von Land zu Land.
In meinen Haaren spielt der Wind
mit seiner schlanken, braunen Hand.

8.3.1941

## Ja

Du bist so weit.
So weit wie ein Stern, den ich zu fassen geglaubt.
Und doch bist du nah –
nur ein wenig verstaubt
wie vergangene Zeit.
Ja.

Du bist so groß.
So groß wie der Schatten von jenem Baum.
Und doch bist du da –
nur blaß wie ein Traum
in meinem Schoß.
Ja.

6.7.1941

## Poem

Die Bäume sind von weichem Lichte übergossen,
im Winde zitternd glitzert jedes Blatt.
Der Himmel, seidig-blau und glatt,
ist wie ein Tropfen Tau vom Morgenwind vergossen.
Die Tannen sind in sanfte Röte eingeschlossen
und beugen sich vor seiner Majestät, dem Wind.
Hinter den Pappeln blickt der Mond aufs Kind,
das ihm den Gruß schon zugelächelt hat.

Im Winde sind die Büsche wunderbar:
bald sind sie Silber und bald leuchtend grün
und bald wie Mondschein auf lichtblondem Haar
und dann, als würden sie aufs neue blühn.

Ich möchte leben.
Schau, das Leben ist so bunt.
Es sind so viele schöne Bälle drin.
Und viele Lippen warten, lachen, glühn
und tuen ihre Freude kund.
Sieh nur die Straße, wie sie steigt:
so breit und hell, als warte sie auf mich.
Und ferne, irgendwo, da schluchzt und geigt
die Sehnsucht, die sich zieht durch mich und dich.
Der Wind rauscht rufend durch den Wald –
er sagt mir, daß das Leben singt.
Die Luft ist leise, zart und kalt,
die ferne Pappel winkt und winkt.

Ich möchte leben.
Ich möchte lachen und Lasten heben
und möchte kämpfen und lieben und hassen
und möchte den Himmel mit Händen fassen
und möchte frei sein und atmen und schrein.
Ich will nicht sterben. Nein!
Nein.
Das Leben ist rot.
Das Leben ist mein.
Mein und dein.
Mein.

Warum brüllen die Kanonen?
Warum stirbt das Leben
für glitzernde Kronen?

Dort ist der Mond.
Er ist da.
Nah.
Ganz nah.
Ich muß warten.
Worauf?
Hauf um Hauf
sterben sie.
Stehn nie auf.
Nie und nie. –
Ich will leben.
Bruder, du auch.
Atemhauch
geht von meinem und deinem Mund.
Das Leben ist bunt.

Du willst mich töten.
Weshalb?
Aus tausend Flöten
weint Wald.

Der Mond ist lichtes Silber im Blau.
Die Pappeln sind grau.
Und Wind braust mich an.
Die Straße ist hell.
Dann …
Sie kommen dann
und würgen mich.
Mich und dich
tot.
Das Leben ist rot
braust und lacht.
Über Nacht
bin ich
tot.

Ein Schatten von einem Baum
geistert über den Mond.
Man sieht ihn kaum.
Ein Baum.
Ein
Baum.
Ein Leben
kann Schatten werfen
über den
Mond.

Ein
Leben.
Hauf um Hauf
sterben sie.
Stehn nie auf.
Nie
und
nie.

7.7.1941

## August

Es ist so kalt –
Geistergestalt
  Sitz' ich da.
Der Regen weint
Mit mir vereint,
  Fern und nah.

Die Sehnsucht blaut
Mir nah vertraut
  Und bekannt.
Sie ist in mir
Und blickt zu dir
  Wie gebannt.

Von Tränen schwer
Gespenstisch leer
  Ist mein Blick.
Er sieht dich an
Voll Leid und kann
  Nicht zurück.

30.6.1941

## Herbst

Der Regen spinnt
Sein graues Lied
Von Sehnsucht und
Von schwerem Weh.

Von Träumen blind
Alleinseins müd
Bin ich ein Hund
Und – geh'.

Verloschnes Gold
Und toter Traum
Von Liebe sieht
Mich an und schweigt.

Und um mich rollt
Schillernder Schaum –
Die Sehnsucht zieht
Und – geigt.

Der Herbst ist da
Und weint mich an
Mit Augen, die
Erloschen sind.

Ich weiß, er sah:
Das Glück verrann,
Zwang mich ins Knie
Und – ging.

30.6.1941

## Lied

Nimm hin mein Lied –
Es ist nicht froh,
Der Regen weint und weint.
Und wer ihn sieht
Weiß sowieso,
Wie es das Glück gemeint.

Es ist vorbei
Die helle Zeit,
Die Lachen uns gelehrt.
Sie ging entzwei,
Zwiespalt gedeiht –
Wenn auch die Welt sich wehrt.

Kehrt sie zurück?
Ich weiß es nicht.
Vielleicht weiß es der Wind.
Er kennt das Glück,
Wenn's nicht zerbricht,
So sagt er's uns geschwind.

Doch sieh, der Wind
Verbirgt sich doch –
Er ist ja gar nicht da.
Ganz wie ein Kind,
So glaubt er noch:
Nur er weiß, was geschah.

Nimm hin mein Lied.
Vielleicht bringt es
Das Lachen einst zurück.
Und wer es liest,
Der sagt: Ich seh's,
Und meint damit das Glück.

30.6.1941

## Herbstregen

Ich starr' hinaus
Und seh' – versteh'! –
Dabei der Trauer ins Gesicht.
Und so wie ich den Regen seh' –
Oh, so siehst du ihn nicht.

Er ist für mich dem Weinen gleich,
Das mich wiegt – Nacht um Nacht.
Und auch der Rauch
Ist ganz so bleich
wie m i c h dein Bild gemacht.

30.6.1941

# Rote Nelken

## Hände

Kraftvoll schön, gemeißelt wie aus weißem Stein,
dem ein Sonnenstrahl hat Leben eingehaucht
und der von den schönsten Rosen zarte Blätter hat geliehen,
sprechen sie im schlanken Spiel der Finger
mit den Händen, die sich ihnen anvertraut.

Sehnen spielen wie ganz ranke, nackte Ringer
und sind doch kosender Laut,
der betäubend süße Worte braut
für die Lippen, die verängstigt fliehen …

Und die Finger, die verhalten zärtlich ziehen
über seidenweiche warme Haut,
sind wie Menschen die, als sie das Glück geschaut,
fast vergessen hätten, es zu fassen
und es doch im letzten Augenblick gefaßt.
Ganz so ängstlich wollen sie die anderen nicht lassen
und sie flattern über sie in wilder Hast,
die bei der Berührung weich in Liebe sich verwandelt.

Plötzlich aber klammern sie sich an,
und sie zucken nur noch leise, dann und wann,
wie ein Kind nach langem Weinen
nur noch manchmal lautlos schluchzt.

Doch schon ist's als würden Sonnen scheinen –
ganz von Ferne noch und noch ganz zag –
doch schon kündend neuen hellen Tag.

14.10.1941

## Haar

Spiel von Lichtern. Weiche, volle Locke mitten in die
lodernd weiße Stirn.
Spröde, lockend nur zum In-die-Höhe-Streichen.
Goldig braun der Grundton, ganz wie bei den schweren,
weichen
Früchten, die auf hohen Kerzen sprießen.
Abendlichter, die sich lächelnd gießen,
machen hier, noch einmal aufglüh'nd, halt.
Hier und da ein Strähn ist rostrot, als ob bald
hier der Herbst wollt' Einkehr halten.
Kleine korngoldblonde Spitzen walten,
daß der ganze Reichtum aufrecht stehe,
auf daß jeder es bestätigt sehe,
daß der König dieser Schätze aufrecht steht.
Ganz von fern sieht's aus, als ob das Glück dir weht.

18.10.1940

## Ich bin die Nacht

Ich bin die Nacht. Meine Schleier sind
viel weicher als der weiße Tod.
Ich nehme jedes heiße Weh
mit in mein kühles, schwarzes Boot.

Mein Geliebter ist der lange Weg.
Wir sind vermählt auf immerdar.
Ich liebe ihn, und ihn bedeckt
mein seidenweiches, schwarzes Haar.

Mein Kuß ist süß wie Fliederduft –
der Wanderer weiß es genau …
Wenn er in meine Arme sinkt,
vergißt er jede heiße Frau.

Meine Hände sind so schmal und weiß,
daß sie ein jedes Fieber kühlen
und jede Stirn, die sie berührt,
muß leise lächeln, wider Willen.

Ich bin die Nacht. Meine Schleier sind
viel weicher als der weiße Tod.
Ich nehme jedes heiße Weh
mit in mein kühles, schwarzes Boot.

6.5.1941

## Rote Nelken

Ich habe Angst. Es drückt auf mich das Dunkel jeder
schwülen Nacht.
Es ist so still und mich erstickt des großen Schweigens
schwere Pracht.
Warum, warum bist du nicht da? Ich hab' gespielt,
ich weiß – verzeih.
Ich hab' mit meinem Glück gespielt – es ging entzwei –
verzeih.
Es tut so weh, allein zu sein. Drum komm, ich warte ja.
Wir lachen uns ein neues Glück, so glaub es doch und
komm zurück – es ist ja so viel Lachen da.
Schau mich doch an. Ist wohl mein Bild noch da in deinem
fernen Blick?
Ich will dich, wie die Traube will, daß man sie, wenn sie
reif ist, pflückt.
Mein Haar, es wartet. Und mein Mund will, daß du wieder
mit ihm spielst.
Sieh, – meine Hände bitten dich, daß du sie in die deinen
hüllst.
Sie sehnen sich nach deinem Haar und sehnen sich nach
deiner Haut,
wie nach dem Traum sich sehnt ein Kind, das ihn auch
nur einmal geschaut.
Schau, es ist Frühling. Doch ist er blind, er weint ja
immerfort.
Solange wir nicht beisammen sind, so lange weint er
wie der Wind, dem der liebste Wald verdorrt.
Sieh, alles wartet nur auf uns: es warten alle Wege,
alle Bänke.

Es warten alle Blumen nur, daß ich sie pflücke und
dir schenke.
Du hältst die Sterne, die auf unsrer Schnur noch fehlen,
in der Hand.
Du hast sie keiner anderen umgehangen.
Und findest du für sie nicht bald ein neues Band,
so hast du mit den vollen Händen nicht was anzufangen.
Sieh – unsre Schnur, sie wartet noch. Ich hab' sie zärtlich
aufgehoben.
Es fehlt auch nicht ein einz'ger Stern und 's ist kein
fremder mit verwoben.
Wir müssen nicht um neue Schnüre fragen. Die alte ist
noch schön und lang.
Und hast du auch noch tausend Sterne in der Hand –
sie kann noch zehn mal tausend tragen.
Du bist so stark. Ich möchte mich so gern in deine Arme
lehnen. Wenn du mich führst, so geh ich schnell.
Entsinnst du dich noch jener Nacht, der Schnee war weich
und klingend hell,
in der dein Arm mich stark umfing und ich so schnell und
sicher ging, als wär' ich groß wie du?
O, komm und führe mich so gut von Hindernis zu
Hindernis. Ich will gewiß nicht müde sein,
ich bin dann sicher nicht mehr klein
und brauche keine Ruh'.
Und dann – in unsrem Liebeszelt, o dann, dann werfen wir
der Welt das hellste Lachen zu.
Nicht wahr, du kommst? Ich wein' nicht mehr. O nein,
ich bin ja nicht mehr leer,
du kommst gewiß, du kommst geschwind, o du mein
starker, schöner Wind –

du wirst zum Sturm und reißt mich mit in deinem heißen,
wilden Ritt. –
Ich bin noch hier. Der Traum ist aus. Ich bin allein –
wie roter Wein, so kocht mein heißes Blut.
Du bist nicht da – und warst so nah, und warst so süße,
wilde Glut.
Der Frühling weint. Er weint um uns. Wirst du ihn ewig
weinen lassen?
Du bist so gut. Drum komm zurück – du sollst mich
um die Schultern fassen –
wir wollen glühn so wie im Traum, wir wollen blühn wie
Baum nach Baum aufblühen werden dicht bei uns.
Ich will dann lachen. Und dann klingt die ganze Luft –
die Sonne klingt. Das Wasser klingt, es klingt die
Nacht –
so hör, ich hab' für dich gelacht!

# Sterne

## Schlaflied

Schlaf mein Kindchen, so schlaf schon ein,
so schlaf doch und weine nicht mehr.
Sieh nur, im Schlaf ist die Welt ja dein,
so schlaf schon und wein nicht so sehr.

Schließe die Augen und schlafe schon,
hör nur, es rauschet der Wald.
Im Schlafe da gibt es nicht Haß, nicht Hohn,
im Schlafe, da ist es nicht kalt.

Schlafe mein Liebling und lächle, Kind,
höre, der Fluß singt sein Lied.
Schlafe, dann singt dir vom Glück der Wind
und singt dir vom Frühling, der blüht.

Schlafe mein Kind und vergiß, was dich schmerzt,
dunkel ist für dich der Tag.
Hell ist die Nacht, wenn der Traum dich herzt,
so schlafe mein Kindchen, so schlaf.

Jänner 1941

## Wiegenlied

Hör doch die Schüsse dort in der Nacht –
ach, vielleicht ist dein Vater schon tot!
Ist tot, und du siehst ihn nicht mehr, wenn er lacht,
und siehst ihn nicht mehr, wenn er droht.

Sieh doch das Grauen dort in dem Wald –
vielleicht stirbt dein Vater jetzt!
Vielleicht bist du eine Waise bald
und sein Körper ist bald zerfetzt …

Zerfetzt seine Lippen, zerfetzt sein Haar,
zerfetzt seine Hände auch –
und das alles schon nach einem Jahr
und Glück ist verwandelt in Rauch …

Sieh, die Araber in weißem Gewand –
sie schleichen von hinten sich an.
Bald steht das Zelt, bald die Wiege in Brand,
bald schreien Kranke im Wahn! –

Doch nein – dein Vater und viele mit ihm,
sie hüten ja dein Glück.
Sie geben für dich ihr Leben hin
und ihren letzten Blick.

Sie kämpfen bei Tag mit dem Pflug in der Hand
und sie hüten dir deine Nacht.
Sie kämpfen bei Tag mit Sümpfen im Sand
und stehen bei Nacht auf der Wacht.

Jänner 1941

# Fahnen

## Gilu

Gilu …

Eine Kette von glühenden, hingerissenen Menschen, die nichts wollen als sich austoben –

Gilu …

Alle in uns aufgespeicherten Energien verausgaben wir in diesem Jauchzen, Singen, Stampfen –
Für den Außenstehenden mag dieser Tanz nichts mehr als ein ungeordnetes Schreien und Trampeln bedeuten –
Für uns ist es das Symbol unseres Lebens, unserer Wünsche:
»Freiheit auf allen Gebieten!«
Und wie sich aus dem anfangs sanften Wiegen – hin und her, hin und her – plötzlich der Tanz löst, stürmisch alles mit sich fortreißend …
Alle lachen wir und alle singen und jubeln wir mit – und tanzen, tanzen – als gelte es unser Leben …
Endlich löst sich die Verschlingung, und wir sind müde und heiser und atemlos – aber wir sind glücklich!

Mai oder Juni 1939

## Lied der Freude

Liegt das Eis so schwer und weiß
und es hindert jede Regung.
Ist der Fluß so still – ohne Bewegung,
möchte doch gern schäumen, wild und heiß.
Und es können keine Wellen rauschen,
können nicht dem Lied des Winters lauschen,
schlafen, eingekrümmt in tiefem Kummer,
einen bösen, schweren Winterschlummer.

Müde hängt die Sonne in der grauen Luft,
weiß und müde liegt der Schnee.
Alles tot und müd und ohne Duft,
und es weint ein eingeschneiter Baum vor Weh.
Zerrt der Fluß an seinen Fesseln, will kein Eis,
bäumt sich auf, verzweifelt, wild und heiß,
schäumte gerne noch verrückt ins Blau hinein,
ist noch viel zu feurig um schon tot zu sein.

Eines Tages hört man einen Kuckuck
und die Sonne leuchtet plötzlich auf
und der Schnee verschwindet, Hauf nach Hauf,
und der Fluß, er macht den letzten Kuck,
bricht des Eises schwere, weiße Decke –
flutet strömend über sie hinaus,
sieht erfreut die noch ganz kahle Rosenhecke,
schäumt und braust und lacht die weißen Schollen aus.

Lacht und lacht und will sich gar nicht halten –
klingt und fließt und ist voll Übermut.
Scheint die Sonne doch so warm und gut,
brechen Frühlingsblumen aus in allen Bodenfalten,
und die kleinen Hecken sind schon dünn belaubt.
Schwemmt der Fluß die Ufer weg – wäscht die Erde –
grüßt erfreut die altbekannte, weiße Herde,
die zu schaun er nicht mehr hat geglaubt.

11.2.1941

## Der Sturm

Steht ein Rosenstrauch in deinem Garten
und er ist noch gar nicht grün.
Und du kannst es kaum erwarten,
daß die erste Knospe komme, zart und dünn
und daß sie verkünde neues Leben.
Wartest, wartest voller Angst und Beben –
bis ein Morgen kommt – und sie ist da.

Und sie ist so fein und schlank und hell,
ganz geschlossen noch und kaum gesehn
und du möchtest, daß sie aufbricht, ganz, ganz schnell,
da du weißt, wie rasch die Zarten untergehn.
Doch es enteilt ein Tag und es enteilt ein zweiter
und die Himmel werden blauer, werden weiter
und die Knospe bricht nicht auf.

Und du weißt: wenn jetzt ein Frost kommt – stirbt sie,
stirbt und hat das Leben nicht gelebt.
Möchtest gerne helfen und weißt doch nicht wie,
fürchtest sehr, daß nicht ein Wind sich hebt,
der sie dir vom Stamme bricht –
in der Nacht, du schläfst und siehst es nicht
und sie ist bei Tag schon tot.

Kommt dann eine Nacht und Stürme brausen um dein Haus,
um dein Haus mit den verschloßnen Toren.
Und du bäumst dich auf und willst und willst hinaus
und dir klingt's wie Wimmern in den Ohren.
Endlich bist du draußen – und du siehst den Rosenstrauch
dir an –

Siehe – 's ist die Knospe aufgebrochen.
Was die Sonne nicht vermocht' in langen Wochen,
hat ein einz'ger Sturm getan.

März 1941

# Fremdländische Orchideen

## Ich bin der Weg gen Untergang

(Gedicht von Itzik Manger, aus dem Jiddischen übersetzt.)

Ich bin der Weg gen Untergang,
der blonde Sonnentod,
der braune Hirtenpfeifenklang,
das müde Abendrot.

Mein Bruder, geh du mir nicht nach,
mein Gehn ist nur Vergehn –
häng deinen jungen Glauben nicht
an meine blaue Trän'!

Meine Schönheit ist ein Messer,
sie stößt dir durch das Herz.
In Wein getaucht zwei Lippen:
mein ewig blauer Schmerz.

Meine Sehnsucht – ein Zigeuner
in wildem Windgebell –
eine tote weiße Mutter
auf dunkler Abendschwell'.

Mein Bruder, geh du mir nicht nach,
mein Gehn ist nur Vergehn –
häng deinen jungen Glauben nicht
an meine blaue Trän'!

Meine Lust – eine junge Nonne,
sie steht nackt beim Altar,
und ihre heißen Brüste
blühn ihrem blonden Narr.

Mein Glück – ein Regenbogen,
der im Sonnengolde blitzt
und immer bereit ist zu sterben,
noch eh' man ihn besitzt.

Mein Haß – ein wilder Reiter,
der hält in der Hand ein Seil.
Nur, statt des Feindes würgt er
das eigene Glück in der Eil'.

Mein Bruder, geh du mir nicht nach,
mein Gehn ist nur Vergehn –
häng deinen jungen Glauben nicht
an meine blaue Trän'!

5.3.1941

## Herbstlied

(Gedicht von Paul Verlaine, aus dem Französischen übersetzt.)

Schluchzen so lang,
So ewig bang –
  Herbstgeigen,
Rührt an mein Herz
Mit dunklem Schmerz
  Schweigen.

Alles erstickt
So bleich bedrückt
  Schlägt die Stund',
Tauchen mir auf
Tage wie Rauch,
  Weint mein Mund,

Ich geh' geschwind,
mich trägt der Wind
  Müd und matt,
Lullt er mich ein
Ganz so wie ein
  Totes Blatt.

5.3.1941

## harbst-lid

(lid fun pol verlen ibergesetst funem frantseysishn)*

a lang geveyn,
fildlen aleyn
  harbst-farnakht.
s'geyt sho nokh sho
fun benkshaft blo
  un fartrakht.

dershtikt dos glik
kuk ikh tsurik –
  shehen geyen
kh'ze iene teg,
zunike teg –
  un ikh weyn.

ikh loz zikh geyn
in wint, aleyn –
  shver un mat.
a mide asa
asoi vi a
  toit blat.

* Gedicht von Paul Verlaine, aus dem Französischen ins Jiddische übersetzt.

## Schlaflied

(Gedicht von H. Lejwik, aus dem Jiddischen übersetzt.)

Leg den Kopf auf meine Knie,
so ist es gut liegen.
Kleine Kinder schlafen schon,
große muß man wiegen.

Kinder haben Spielzeug viel,
spielen wann sie wollen.
Große sind sich selbst zum Spiel,
müssen ewig wollen.

Mußt nicht fürchten, ich bin da,
werd' dich nicht verstoßen.
Hast heut schon genug geweint,
ganz wie alle Großen.

Hast geweint und hast geklagt,
nun will ich dich wiegen.
Leg den Kopf auf meine Knie –
so ist es gut liegen.

11.7.1941

(Gedicht von Paul Verlaine, aus dem Französischen übersetzt.)

Es weint der Regen in mir,
Wie er weint auf die Stadt.
Ist's die Sehnsucht, die irr
Weint, verlassen in mir?

Süßes Regengeräusch,
Über Dächer und Welt,
Für ein Herz, das enttäuscht,
Süßes Regengeräusch.

Es weint ohne Sinn
Dir im Herzen der Tod.
Jede Tollheit ist hin
Und das Lied ohne Sinn.

's ist der bitterste Lohn,
Nicht zu wissen: warum?
Ohne Liebe und Hohn,
's ist der bitterste Lohn.

2.8.1941

## Dämmerung

(Gedicht von Discipol Mihnea, aus dem Rumänischen übersetzt.)

Die Dämmerung schafft eine Welt von Legenden
und Schweigen schauert herab.
Die Fernen verlöschen mit blutenden Händen,
Nordnebel werden ihr Grab.

Ein Duft von Geheimnis fällt auf die Lieder
und Kühle atmet das Gras.
Aus Waldwiesen tönen die rhythmischen Lieder
der Rehe, schemenhaft blaß.

Es löschen die Eichen mit rufendem Rauschen
das Leben in sterbendem Schein.
Vergessen träumt schweigend an Quellen, die lauschen
wie roter, verschütteter Wein.

Am Ufer der sehnsüchtig blauenden Teiche
schläft atmend der Jungfrauen Traum.
Im Mondlicht verzittern die Tropfen wie bleiche
Phantasmen aus tänzelndem Schaum.

1.8.1941

# DER BLÜTENLESE ZWEITER TEIL

# Teeblüten

## Vormittag

Der Wind singt sein Schlaflied
mit träumendem Rauschen,
die Blätter umschmeichelt er weich.
Ich laß' mich verführen, dem Liede zu lauschen
und fühl' mich den Gräsern gleich.

Es schauern die Lüfte
und kühlen mein heißes
in Sehnsucht gehülltes Gesicht.
Die ziehenden Wolken verstreuen ihr weißes,
der Sonne gestohlenes Licht.

Die alte Akazie
verrieselt ihr Schweigen
in zitterndem Blättergewirr.
Die Düfte der Erde erheben sich, steigen
und fallen dann wieder zu mir.

1.8.1941

## Regenlied

Des Regens starker Gesang wird zum Rauschen,
Das voller und voller erklingt.
Es schweigt selbst der Wald, um dem Liede zu lauschen,
Das der strömende Himmel ihm singt.

Es schäumen mit wuchtendem Anprall die Wasser
Vom Himmel zur Erde herab.
Es rasen die Ströme des Regens in nasser,
Wild stürzender Wut, die der Blitz ihnen gab.

Es duckt sich und beugt ihren Rücken die Erde
Unter dem peitschenden Sausen.
Wie vom Hufschlag einer hinrasenden Herde
Ist die Luft erfüllt von dem Brausen.

Dann wird das Rauschen zum raunenden Schallen,
Zum Murmeln von müder Süße.
Auf die Dächer vereinzelte Tropfen fallen
Wie ferne, glückstrunkene Küsse.

1.8.1941

# Weiße Chrysanthemen

## Bleistiftskizze

Ein Haarsträhn wie ein feiner Schatten in die Stirn,
darüber seidig weich die dunkle Fülle.
Der Mund – ein trutz'ges Zeugnis stolzer Kühle,
betont durch leichten, schwarzen Flaum.
Das helle Braun der Augen mildert kaum.
Die Zähne scheinen stark und weiß nach vorne sich zu
drängen
und ganz so störrisch wild die schwarzen Brauen.
Doch wenn die Augen in die Ferne schauen,
dann will ein Zug von Sehnsucht in den Stolz sich mengen.
Darüber wölbt die Stirne sich in leicht gewölbtem Bogen,
die feine Nase setzt sie, aufwärtsstrebend, fort.
Der schlanke Hals ist in die Harmonie mit einbezogen –
ein bißchen Braun, ein bißchen bleich – ein starker
Dur-Akkord.

28.9.1941

Stefan Zweig

Leuchtendes, glühendes, rauschendes Leben
springt an und reißt mit und läßt keinen mehr los,
macht heiß und macht kühn und macht freudig und groß,
rüttelt auf und macht wacher mit kraftvollem Stoß,
läßt die Fluten von Glanz nie und nimmer verebben –

packt dich und hält dich und sprudelt dich an.
Sturzflut erfaßt dich und rast mit dir fort –
was kein Wildbach, kein Wirbel, kein Hochwasser kann,
hat dies Atmen vieltausende Mal schon getan,
dieses heiße, verzehrende, glasklare Wort.

Kühl dann und still wie ein nordischer See,
glitzernd und weich wie frisch fallender Schnee,
sieht es uns an wie viel uraltes Gold,
das altrot und schwer durch die Finger rollt
und schön ist wie sonst nur unsagbarer Traum,
der dich ansieht, tiefleuchtend aus dunkelndem Raum –

und bäumt sich dann auf, als besinne es sich
und packt wieder an und reißt wieder mit,
schreit dich an, lacht dich an, weint dich an: das bin ich!
Und es packt dich ein Sehnen, das süß ist und zieht,
ein Sehnen nach Menschen, ein heißes: »versprich!«
und dann klingt es aus wie ein Nachtigallied.

24.12.1941

## Das Glück

Schlafen möcht' ich,
Der Wind wiegt mich ein,
Und die Sehnsucht singt mich zur Ruh'.
Weinen möcht' ich.
Schon die Blumen allein
Flüstern Tränen mir zu.

Sieh die Blätter:
Sie blinken im Wind
Und gaukeln Träume mir vor.
Ja und später –
Lacht wo ein Kind,
Und irgendwo hofft ein Tor.

Sehnsucht hab' ich
Wohl nach dem Glück?
Nach dem Glück.
Fragen möcht' ich:
Kommt es zurück?
Nie zurück.

18.8.1941

## Sonett

Schau, dort kommen Melodien
durch den Tag gezogen.
Wie den lang gespannten Bogen
höre ich ihr Tönen ziehn.

Warum geben sie sich hin
allen, die da stehn?
Könnten sie nicht einzig blühn
nur für die, die sehn?

Und so sprechen sie mich an,
mich, die sie nicht tragen kann,
denn ich bin so müd.

Und so steh' und klinge ich
voll von Sehnsucht, die verblich
und die weinend schied.

18.8.1941

## Sonne im August

Gleich einer Symphonie in Grün
durchpulst von Licht und Duft und Glanz
ziehn Wiesen sich und Hügel hin
erfüllt von buntem Blumentanz.

Die Wege liegen lang im Wind,
und alle Birken neigen sich.
Und wenn die Gärten verlassen sind,
dann sind sie es nur für mich.

Die Bänke stehen wartend da,
die Gräser wiegen her und hin,
und manchmal scheint der Himmel nah
und lange Vogelschwärme ziehn.

Und alles ist tief eingetaucht
in Lächeln und in Einsamkeit.
Mit Gold ist alles angehaucht,
und eine Elster schreit.

23.8.1941

## Tränenhalsband

Die Tage lasten schwül und schwer, voll wildem, bangem Weh. Es ist in mir so kalt und leer, daß ich vor Angst vergeh'.
Die Vögel ziehn gen Mittag hin, sie sind schon lange fort. Schon seh' ich keine Aster blühn, und auch die letzten Falter fliehn, die Berge sind mit Herbst umflort.
Ich bin in Sehnsucht eingehüllt, ich sehne mich nach dir. Mein heißes Sehnsuchtslied erfüllt die Welt und mich mit ihr.
Der Regen, der eintönig rauscht, begleitet meinen Sang. Und wer dem Regenliede lauscht und wer sich an dem Weh berauscht, der hört auch meines Liedes Klang.
Nur du allein, du hörst es nicht – ach, weiß ich denn warum? Und wenn mein Lied einst gell zerbricht, du bleibst auch kalt und stumm.
Dir macht es nichts, wenn jeder Baum mitleidig fleht: so hör! Du gehst vorbei und siehst mich kaum, als wüßtest du nicht meinen Traum, und 's fällt dir nicht mal schwer.
Und doch bist du so bleich bedrückt, wie einer der versteht, der seine Seufzer schwer erstickt und schwer beladen geht.
Und doch ist Weh in deinem Blick, um deine Lippen Leid. Verloren hast du wohl das Glück, es kommt wohl nimmermehr zurück, und du – du bist »befreit«.
Nun ja, das Glück war dir zu schwer, du hast es hastig-wild verstreut, und nun sind deine Hände leer, es füllt sie nur noch Einsamkeit.

So stehst du da und wirfst den Kopf mit starrem Trotz
zurück – und sagst, was du ja selbst nicht glaubst –
»Ich pfeife auf das Glück!«
Und dann, wenn es schon längst vorbei, stehst du noch da
und starrst ihm nach – dann sehnst du es so heiß
herbei, es ist dir nicht mehr einerlei – dann bist du
plötzlich wach.
Zurück jedoch kommt es nie mehr – denn rufen willst du
nicht – und wäre die Leere so unendlich schwer, daß
dein Rücken darunter bricht.
So tragen wir beide dasselbe Leid, ein jeder für sich allein.
Mich krönt aus Tränen ein schweres Geschmeid' und
dich ein Sehnsuchtsedelstein.
Und der Wind singt uns beiden den ewigen Sang von
Sehnen und Verzicht, doch auch wenn es dir zum
Sterben bang – du rufst mich trotzdem nicht.

6.11.1941

Es ist so viel buntes Geschehen
so viel lebendes Leben um mich –
ich könnte atmen und sehen
und könnte das Schönste verstehen,
wenn ich eines nicht hätte: dich.

So aber bist du mir das Leben,
und das andre ist stumpf und leer.
Und alle Wellen verebben
und können mir gar nichts geben,
das so fern wär' wie du und so schwer.

# Wilder Mohn

## Schlaflied für dich

Komm zu mir, dann wieg' ich dich,
wiege dich zur Ruh'.
Komm zu mir und weine nicht,
mach die Augen zu.

Ich flechte Dir aus meinem Haar
eine Wiege, sieh!
Schläfst drin aller Schmerzen bar,
träumst drin ohne Müh'.

Meine Augen sollen dir
blinkend Spielzeug sein.
Meine Lippen schenk' ich dir –
trink dich in sie ein.

## Träume

Es sind meine Nächte
durchflochten von Träumen,
die süß sind wie junger Wein.
Ich träume, es fallen die Blüten von Bäumen
und hüllen und decken mich ein.

Und all diese Blüten,
sie werden zu Küssen,
die heiß sind wie roter Wein
und traurig wie Falter, die wissen: sie müssen
verlöschen im sterbenden Schein.

Es sind meine Nächte
durchflochten von Träumen,
die schwer sind wie müder Sand.
Ich träume, es fallen von sterbenden Bäumen
die Blätter in meine Hand.

Und all diese Blätter,
sie werden zu Händen,
die zärteln wie rollender Sand
und müd sind wie Falter, die wissen: sie enden
noch eh' sie ein Sonnenstrahl fand.

Es sind meine Nächte
durchflochten von Träumen,
die blau sind wie Sehnsuchtsweh.
Ich träume, es fallen von allen Bäumen
Flocken von klingendem Schnee.

Und all diese Flocken
sie werden zu Tränen.
Ich weinte sie heiß und wirr –
begreif meine Träume, Geliebter, sie sehnen
sich alle nur ewig nach dir.

8.11.1941

## Schlaflied für die Sehnsucht

(Zu singen nach der Melodie »di zun iz fargangen« von M. Gebirtig.)

O lege, Geliebter,
den Kopf in die Hände
und höre, ich sing' dir ein Lied.
Ich sing' dir von Weh und von Tod und vom Ende,
ich sing' dir vom Glücke, das schied.

Komm, schließe die Augen,
ich will dich dann wiegen,
wir träumen dann beide vom Glück.
Wir träumen dann beide die goldensten Lügen,
wir träumen uns weit, weit zurück.

Und sieh nur, Geliebter,
im Traume da kehren
wieder die Tage voll Licht.
Vergessen die Stunden, die wehen und leeren
von Trauer und Leid und Verzicht.

Doch dann – das Erwachen,
Geliebter, ist Grauen –
ach, alles ist leerer als je –
Oh, könnten die Träume mein Glück wieder bauen,
verjagen mein wild-heißes Weh!

## Müdes Lied

Ich möchte schlafen, denn ich bin so müd,
und so müd und wund ist mein Glück.
Ich bin so allein – selbst mein liebstes Lied
ist fort und will nicht mehr zurück.

Schlaf' ich einmal, so träume ich auch,
und Träume sind so wunderschön.
Sie zaubern einen lächelnden Hauch
auch übers schwerste Geschehn.

Träume tragen Vergessen mit sich
und schillernden bunten Tand.
Wer weiß es – vielleicht auch bannen sie mich
für ewig in ihr Land.

23.12.1941

Spürst du es nicht, wenn ich um dich weine,
bist du wirklich so weit?
Und bist mir doch das Schönste, das Eine,
um das ich sie trage, die Einsamkeit.

23.12.1941

## Tragik

Das ist das Schwerste: sich verschenken
und wissen, daß man überflüssig ist,
sich ganz zu geben und zu denken,
daß man wie Rauch ins Nichts verfließt.

23.12.1941

[Mit rotem Stift hinzugefügt:]

Ich habe keine Zeit gehabt zuendezuschreiben.
Schade daß du dich nicht von mir empfehlen wolltest.
Alles Gute Selma.

# Schlafmohn

# Anhang

# Zu dieser Ausgabe

Der Text folgt der Ausgabe:

Selma Meerbaum-Eisinger: Blütenlese. Gedichte. Hrsg. von Adolf Rauchwerger. Tel Aviv: Tel Aviv University, 1979.

Die dort enthaltenen Archivalien und Faksimiles wurden weggelassen, offensichtliche Fehler berichtigt. Die Übersetzung von Paul Verlaines Gedicht *Chanson d'automne* ins Jiddische wurde von Carmen Reichert transkribiert. Die in der von Rauchwerger besorgten Ausgabe vorgenommene Umstellung der Übersetzungen *Schlaflied* und *Herbstlied* wurde rückgängig gemacht, um die von der Dichterin gewünschte Abfolge der Texte in ihrer zyklischen Anordnung nicht zu beeinträchtigen bzw. zu verändern.

# Literaturhinweise

Braun, Helmut: »Ich will leben«. Die Dichterin Selma Meerbaum-Eisinger. In: Selma Meerbaum-Eisinger: »Du, weißt du, wie ein Rabe schreit?« Gedichte. Mit einem Essay von H. B. sowie Fotos und Dokumente. Aachen 2013. S. 106–181.

Colin, Amy: Jüdische Autorinnen der Bukowina im zwanzigsten Jahrhundert. In: An der Zeiten Ränder: Czernowitz und die Bukowina. Geschichte, Literatur, Verfolgung, Exil. Hrsg. von Cécile Cordon und Helmut Kusdat. Wien 2002. S. 279–290.

Chromik, Therese: Leben im Wort. Dichterinnen in bedrohlicher Zeit. Berlin 2019.

Emmerich, Wolfgang: Selma Meerbaum-Eisingers Gedichte als »Chronik der laufenden Ereignisse« in der Bukowina 1939–41. In: Die Bukowina. Studien zu einer versunkenen Literaturlandschaft. Hrsg. von Dietmar Goltschnigg und Anton Schwob unter Mitarb. von Gerhard Fuchs. Tübingen 1990. S. 275–292.

Hahn, Ulla: Sie wollte dabei sein [über Selma Meerbaum-Eisingers *Spaziergang*]. In: 1400 Deutsche Gedichte und ihre Interpretationen. [Frankfurter Anthologie.] Bd. 10: Von Erich Fried bis Hans Magnus Enzensberger. Hrsg. von Marcel Reich-Ranicki. Frankfurt a. M. / Leipzig 2002. S. 188–190.

May, Markus: »Wie eine Linie dunkelblauen Schweigens«: Selma Meerbaum-Eisinger im Kontext der Lyrik der Bukowina der 1930er und 1940er Jahre. In: Weibliche jüdische Stimmen deutscher Lyrik aus der Zeit von Verfolgung und Exil. Hrsg. von Walter Busch und Chiara Conterno. Würzburg 2012. S. 27–44.

Niethammer, Ortrun: Innere Differenzierung. Selma Meerbaum-Eisinger: Rezeption ihrer Gedichte nach 1980. In: Als Kind verfolgt. Anne Frank und die anderen. Hrsg. von Inge Hansen-Schaberg. Berlin 2004. S. 195–210.

Pelin, Raluca Ştefania: Emotions and Emotional Intelligence Beyond Words in the Poetry of Rose Ausländer, Selma Meerbaum-Eisinger, Paul Celan, and Dan Pagis. In: Linguaculture 2 (2018) S. 81–97.

Sagnol, Marc: Selma Meerbaum-Eisinger, présentation d'une œuvre. In: Etudes germaniques 62 (2007) H. 1. S. 159–177.
Shchyhlevska, Natalia: Deutschsprachige Autoren aus der Bukowina. Die kulturelle Herkunft als bleibendes Motiv in der Identitätssuche deutschsprachiger Autoren aus der Bukowina. Untersucht anhand der Lyrik von Paul Celan, Rose Ausländer, Alfred Kittner, Alfred Gong, Moses Rosenkranz, Immanuel Weißglas, Alfred Margul-Sperber, Selma Meerbaum-Eisinger, Klara Blum. Frankfurt a. M. 2004.
Tauschwitz, Marion: Selma Merbaum. Ich habe keine Zeit gehabt zuende zu schreiben. Biografie und Gedichte. Mit einem Vorw. von Iris Berben. Springe 2014.
Werner-Birkenbach, Sabine: Selma Meerbaum-Eisinger: »Blütenlese«. Gedichte gegen das Vergessen. In: Die Bukowina. Studien zu einer versunkenen Literaturlandschaft. Hrsg. von Dietmar Goltschnigg und Anton Schwob unter Mitarb. von Gerhard Fuchs. Tübingen 1990. S. 293–307.

## Nachwort

### I

Die Frage nach dem »Was bleibt?« stellt sich in besonderer Weise, wenn das Frühwerk einer offenkundig zur Dichtung Begabten zugleich ihr Vermächtnis darstellt, wie dies bei Selma Merbaum der Fall ist, deren Werk nach ihrem frühen Tod mit erheblicher zeitlicher Versetzung unter dem Namen Selma Meerbaum-Eisinger an die Öffentlichkeit gelangte. Marion Tauschwitz hat in ihrer 2014 erschienenen Biographie der Autorin unter Bezugnahme auf offizielle Dokumente wie Geburtsurkunde und Schulzeugnisse den Nachweis erbracht, dass die Schreibweise »Merbaum« korrekt ist und Selma auch nicht, wie bis dahin irrtümlich vermutet, den Nachnamen ihres Stiefvaters Leo Eisinger mit angenommen hatte. Von »Juvenilia« mag man nicht sprechen angesichts der Tatsache, dass die Autorin am 16. Dezember 1942 mit gerade einmal achtzehn Jahren am Flecktyphus im Arbeitslager Michailowka am Bug starb, wohin sie mit ihrer Familie sowie einem Großteil der jüdischen Bevölkerung ihrer Heimatstadt Czernowitz im Zuge der Räumung des Ghettos im Juni 1942 deportiert worden war. Die 58 Gedichte (darunter sechs Übersetzungen), die ihr handschriftlich überliefertes Album mit dem Titel *Blütenlese* enthält, legen Zeugnis ab für das *individuum ineffabile*, die unabweisbare Unauslöschlichkeit eines einzigartigen Individuums, zugleich sind sie auch ein Dokument für das Verbrechen der Shoah, in der eben dies versucht wurde: die totale Vernichtung der jüdischen Menschen in ihrer individuellen wie kollektiven Existenz, ihrer sozialen und kulturellen Bezüge – Genozid und Memorizid in einem. Gerade die unauflösliche Verklammerung von individuellem und kollektivem Schicksal verbietet – bei aller literaturwissenschaftlicher und kritischer Sorgfalt – beckmesserisch-kunstrichterliche Anmaßung im Umgang mit diesem in Jugendjahren entstandenen Werk, ebenso wie sie wohlfeile Sentimentalisierungen a priori ausschließen sollte.

Bedenkt man die Umstände der Entstehung und Überlieferung dieses äußerlich schmalen Œuvres, das seine Existenz gegen alle übermächtig wirksamen historischen Widerstände und Wahrscheinlichkeiten dennoch behaupten und – spät, doch nicht zu spät – noch eine Leserschaft erreichen konnte, so fühlt man sich an Paul Celans Wort vom Gedicht als einer »Flaschenpost« erinnert, »aufgegeben in dem – gewiß nicht immer hoffnungsstarken – Glauben, sie könnte irgendwo und irgendwann an Land gespült werden, an Herzland vielleicht« (*Ansprache anlässlich der Entgegennahme des Literaturpreises der Freien Hansestadt Bremen*, 1958). Die sich in Celans Formulierung manifestierende Überzeugung vom dialogischen Charakter des Gedichts lässt sich auch für Selma Merbaums Dichtung reklamieren: Ihre *Blütenlese* ist Lejser Fichman gewidmet, ja an ihn adressiert – ein junger Mann, der wie Selma Mitglied in der zionistischen Jugendorganisation »Hashomer Hazair« gewesen war und für den sie Liebesgefühle hegte (Fichman kam am 5. August 1944 ums Leben, als das türkische Schiff, mit dem er als jüdischer Flüchtling nach Palästina emigrieren wollte, bei einem Torpedoangriff im Bosporus durch ein russisches U-Boot versenkt wurde). Für Lejser Fichman waren wohl auch jene Worte bestimmt, die Selma unter dem letzten Gedicht der Sammlung, *Tragik*, in roter Schrift hinzugefügt hat: »Ich habe keine Zeit gehabt zuendezuschreiben. Schade daß du dich nicht von mir empfehlen wolltest. Alles Gute Selma«. Den materiell-medialen Beleg des Nicht-zu-Endeschreiben-Könnens, des Unfertigen und Bedrohten, liefert das erhaltene Konvolut des Albums, da der Notiz noch die offenbar als Zyklustitel gemeinte Überschrift »Schlafmohn« (siehe S. 107) folgt, nach der sich allerdings 39 vereinzelte, nur noch Gedichttitel ohne Text enthaltende, größtenteils unbeschriebene Seiten finden. Die leeren, weißen Blätter der *Blütenlese* repräsentieren – vielleicht sogar mehr noch als das so an die letzte Position gerückte Gedicht *Tragik*, das auf erschreckend hellsichtige und anrührende Weise das eigene Schicksal (und letztlich auch das kollektive) ins Bild des ins Nichts zerfließenden Rauchs fasst – jenes vor der Zeit vernichtete Leben in all seinen nicht mehr realisierten Möglichkeiten und Versprechen; sie sind zugleich als wahrnehmbare Zeichen der Abwesenheit Spuren, ebenso stumme wie gerade dadurch beredte Zeugnisse der brutalen Auslöschung einer gesamten einst vitalen Kultur, des europäischen Ostjudentums, das einem in der Geschichte beispiellosen und ebenso gnadenlosen Rassenwahn – als letztes Stadium des über Jahrhunderte sich entwickelnden Antisemitismus im Zeitalter des Totalitarismus – zum Opfer fiel.

## II

Selma Merbaum wurde am 5. Februar 1924 in Czernowitz, der Hauptstadt des ehemaligen habsburgischen Kronlandes Bukowina, geboren, ihr Vater Max Merbaum war ein Ladenbesitzer. Mütterlicherseits war Selma mit Paul Celan (eigentlich Paul Antschel) verwandt, denn Celans Mutter

Friederike Schrager und Merbaums Mutter Frieda (Friederika) Schrager waren Enkelinnen von Abraham-Elieser Schrager. Der Jugendbiograph Celans, Israel Chalfen, berichtet, dass Celan und seine Großcousine sich in ihrer Kindheit bei gemeinsamen Sabbatfeiern im Hause von Selmas Großvater Israel Schrager getroffen hätten. Chalfen zufolge hatte Celan auch deshalb dem Abdruck seiner *Todesfuge* in der 1968 von Heinz Seydel herausgegebenen und im Ostberliner Verlag der Nation erschienenen Anthologie *Welch ein Wort in die Kälte gerufen. Die Judenverfolgungen des Dritten Reiches im deutschen Gedicht* zugestimmt, »um seiner Verwandten Selma Meerbaum ein Denkmal zu setzen« (Israel Chalfen, *Paul Celan. Eine Biographie seiner Jugend*, Frankfurt a. M. 1983, S. 164), denn Selmas Gedicht *Poem* war in gekürzter Form ebenfalls in dieser Anthologie vertreten.

Dass die Bukowina mit ihrem Zentrum Czernowitz überhaupt ihren Weg auf die Karte der (Welt-)Literatur gefunden hat und gar der Topos von der Bukowina als einer »versunkenen Literaturlandschaft« (Dietmar Goltschnigg / Anton Schwob) entstehen konnte, verdankt sich vor allem Paul Celan, der in seiner *Ansprache anlässlich der Entgegennahme des Literaturpreises der Freien Hansestadt Bremen* von der Landschaft seiner Herkunft als »eine[r] Gegend, in der Menschen und Bücher lebten«, sprach und durch seine auf die Vergangenheit gerichtete Formulierung für alle, die es verstehen wollten, verstehbar suggerierte, dass beides, »Menschen und Bücher«, nun zum Zeitpunkt seiner Rede dort eben nicht mehr ›leben‹ – Celan hat in seiner Dichtung diese Verluste gemäß seiner Poetik der Erinnerung immer wieder thematisiert und ihre Insistenz lebendig bewahrt. Das vormalige habsburgische Kronland Bukowina mit seinem am Pruth gelegenen Zentrum Czernowitz blieb auch nach dem Anschluss an das Königreich Rumänien 1918 in intellektueller und künstlerischer Hinsicht noch dominant auf die deutschsprachige Kultur des alten Österreich ausgerichtet, wie Rose Ausländer in ihren *Erinnerungen an eine Stadt* (zit. nach: *Rose Ausländer. Materialien zu Leben und Werk*, hrsg. von Helmut Braun, Frankfurt a. M 1991, S. 7) betont:

> Bis 1924 – obwohl die Bukowina schon 1918, nach dem Ersten Weltkrieg, Rumänien zugesprochen wurde – war die Landessprache rumänisch *und* deutsch, nachher bis ans Ende des Zweiten Weltkrieges war sie offiziell rumänisch, praktisch aber weiter deutsch. Deutsch war nicht nur die Umgangs- und Kultursprache, es blieb die Muttersprache des größten Teiles der Bevölkerung. Eigentlich blieb Czernowitz bis 1944 eine österreichische Stadt [...].

Von den vier großen in Czernowitz ansässigen Bevölkerungsgruppen – Rumänen, Ruthenen, Volksdeutsche und Juden – stellten die Juden in den 1920er und 1930er Jahren über ein Drittel, teilweise sogar fast die Hälfte der etwa 110 000 Einwohner. Und obwohl diese Phase mit Blick auf die politische Situation aufgrund der immer aggressiver auftretenden nationalistischen Tendenzen für die jüdische Bevölkerung zunehmend repressiv wurde, so stellt die Zwischenkriegszeit in kultureller Hinsicht eine letzte Blütezeit jüdischen Lebens in Czernowitz und der Bukowina dar. Zeitungen (in Czernowitz erschienen noch nach 1918 fünf deutschsprachige Tageszeitungen), Theater und Bildungswesen (Czernowitz war seit 1875 Universitätsstadt, und es gab mehrere Bibliotheken und Lesehallen) waren wesentlich von jüdischen Intellektuellen geprägt, es existierte eine

Vielzahl jüdischer Organisationen und Kulturvereine, in denen das Deutsche wie auch das Jiddische gepflegt wurden (1908 hatte in Czernowitz die erste Weltkonferenz für Jiddisch stattgefunden), Literatur und Kunst ebenso diskutiert wurden wie sozialistisches und zionistisches Gedankengut.

Das Stimulierende dieser geistigen Atmosphäre fand seinen Niederschlag in der angesichts der Größe der Stadt beachtlichen Zahl von jüdischen Dichterinnen und Dichtern, die Czernowitz in diesen Jahren hervorgebracht hat: Neben den bekanntesten, Paul Celan und Rose Ausländer, wären Klara Blum, Alfred Kittner, Immanuel Weißglas, Alfred Gong, Hedwig Brenner und nicht zuletzt Alfred Margul-Sperber, der frühe Mentor Ausländers und Celans, zu nennen. Margul-Sperber war der Doyen und unermüdliche Förderer der jüdischen Dichtung der Bukowina; seine Mitte der 1930er Jahre konzipierte Sammlung *Die Buche. Eine Anthologie deutschsprachiger Judendichtung aus der Bukowina*, die eindringlich das Spektrum und die Qualität dieser Lyrik demonstrieren sollte, konnte aufgrund der politischen Entwicklungen nicht mehr erscheinen (erst 2009 wurde sie von George Guţu, Peter Motzan und Stefan Sienerth aus dem Nachlass Margul-Sperbers ediert). Die Bedeutung, die insbesondere seitens der jungen jüdischen Bevölkerung der Literatur und vor allem der Lyrik zugemessen wurde, war immens, wie nachgerade alle autobiographischen Texte, die sich des Czernowitz der Zwischenkriegszeit erinnern, übereinstimmend konstatieren. Und auch hinsichtlich dessen, was gelesen wurde, herrscht in den Texten eine erstaunliche Kongruenz, so dass man einen Kanon von Bezugsautoren rekonstruieren kann, der für die junge Generation jüdischer Lyrikerinnen und Lyriker in Czernowitz prägend war: Dieser Kanon reicht von Heine über die französischen Symbolisten – und hier vor allem Verlaine –, Hofmannsthal, George und Rilke bis zu den Expressionisten, insbesondere Trakl. Bereits unter den jungen Schülerinnen und Schülern, die eines der Gymnasien der Stadt besuchten, war es nicht nur üblich, sich für Lyrik zu begeistern, sondern es verstand sich, dass man selbst übersetzte und dichtete. Edith Silbermann, eine Jugendfreundin Paul Celans, berichtet, dass zwischen ihm und dem gleichaltrigen Klassenkameraden Immanuel Weißglas ein regelrechter Wettbewerb im Verfassen von eigenen Gedichten und Übersetzungen von Dichtern wie Shakespeare, William Butler Yeats, A. E. Housman, Rupert Brooke, Sergej Jessenin und Guillaume Apollinaire stattfand. Man schätzte und förderte in den Kreisen der jungen jüdischen Intellektuellen nicht allein die bereits anerkannten Künstler, sondern jede Art künstlerischen Schaffens. Diese allgemeine Wertschätzung kultureller Leistung bestärkte allerdings Rose Ausländer zufolge auch Tendenzen, die zu einer Vernachlässigung der Beschäftigung mit den immer bedrohlicher werdenden politischen und gesellschaftlichen Entwicklungen führen konnten (*Erinnerungen an eine Stadt*, zit. nach: *Rose Ausländer. Materialien zu Leben und Werk*, hrsg. von Helmut Braun, Frankfurt a. M 1991, S. 9):

> So entstand beim intellektuell orientierten Teil der Bevölkerung ein auch in der Vorkriegszeit ungewöhnlicher Lebensstil: Weltfremdheit und Nichtbeachtung der umdüsterten Realität als Ausdruck des Lebens in einer als ›wesentlichere Wirklichkeit‹ empfundenen Welt der Ideen und Ideale. Bildhauer, Maler, Musiker, Dichter lebten, wenn sie keinem anderen Berufe nachgingen, von

der Bewunderung ihrer Freunde und Mitbürger, die ihre Werke kauften, ihre Konzerte und Lesungen besuchten. Man empfand es als Pflicht, Künstler und Dichter zu unterstützen und zu fördern. Man schätzte nicht nur, was durch Verlage bekannt gemacht, durch hohe Auflagen berühmt geworden war: es war der ernste Respekt vor dem Schaffenden und seinen Werken, noch ehe sie veröffentlicht wurden.

## III

Ausländers Aussage offenbart eine durchaus ambivalente Einschätzung der Situation: Einerseits ermutigten die kulturellen Rahmenbedingungen mit ihrer allgemeinen Wertschätzung künstlerischer Erzeugnisse die schöpferische Tätigkeit, auch schon im frühen Alter, andererseits zeigt sich darin neben dem offensichtlichen Hang auch ein gewisser Zwang zur Flucht vor der »*Forderung des Tages*«, wie Thomas Mann dies genannt hatte. Denn die Möglichkeiten einer gesellschaftlich oder politisch relevanten Betätigung wurden für Juden während der dreißiger Jahre immer schwieriger – die Lebenskreise verengten sich zusehends. Der von Ausländer konstatierte »ernste Respekt vor dem Schaffenden und seinen Werken, noch ehe sie veröffentlicht wurden«, mag auch ein Anreiz für die jungen Talente gewesen sein, ihre Gedichte in handschriftlichen Alben zusammenzustellen, wie dies Selma Merbaum tat. Auch ihr Verwandter Paul Celan hatte nach seiner Rückkehr aus dem Arbeitslager Tăbăreşti im Frühjahr 1944 aus den Abschriften seiner im Lager verfassten und auch seiner früheren Gedichte – insgesamt 97 – eine Sammlung kompiliert, die er seiner Freundin Ruth Lackner schenkte. Wie bei Celan, so fungierte das Album bei Selma Merbaum als eine Form der Kommunikation, die einerseits intim kodiert und adressiert, andererseits aber auch durchaus mit Blick auf eine spätere Veröffentlichung hin konzipiert war. Der Wille zur zyklischen Komposition schlägt sich im Aufbau der beiden Alben nieder und offenbart in beiden Fällen ein erstaunlich differenziert ausgebildetes Bewusstsein für die immanenten Zusammenhänge und thematischen, motivischen und stilistischen Grundzüge der eigenen Dichtung.

Bereits der Titel, den Selma Merbaum für ihre Sammlung wählte, eröffnet einen wesentlichen Sinnhorizont: Bezeichnete »Blütenlese« im literarischen Bereich als Übersetzung des Begriffs »Florilegium« früher zumeist eine Anthologie ausgewählter Zitate und Passagen aus den Werken verschiedener fremder Autoren, die man als eine Art Wissens- oder Topoifundus sah, auf den man bei Bedarf zurückgreifen konnte, so ist trotz der enthaltenen Übersetzungen hier wohl anderes gemeint. In der intensiven Verklammerung von Naturwahrnehmung und korrespondierender Stimmung des lyrischen Ichs wird vielmehr auf ein seit dem Symbolismus geläufiges Modell von Dichtung Bezug genommen, das die äußere Wirklichkeit in der dichterischen Gestaltung als Ausdruck einer Gemütsverfassung, der *états d'âme*, der Seelenzustände, sieht. Dabei spielt das Modell der »Lese«, des »Erlesens« eine erhebliche Rolle, nicht zuletzt aufgrund der mitschwingenden polysemen Anteile dieser Termini, die einerseits auf das auswählende Sammeln von kostbaren, ins Sublime zu transfigurierenden Wirklichkeitspartikeln, auf der anderen Seite aber auch auf die Lektüre und die Medialität von Lesen und Schreiben (auf Blättern, auch dies ein Übertrag aus dem floralen Bereich) anspielen. So ist etwa der erste Teil von Stefan Georges 1897 erschienenem, dreiteilig zyklischem Gedichtband *Das Jahr der Seele* »Nach der Lese« überschrieben. In dem dort enthaltenen berühmten Gedicht *Komm in den totgesagten park*, das die Poetologie dieser Werkphase Georges in nuce enthält, wird programmatisch der Prozess einer solchen »Lese« vorgeführt:

Dort nimm das tiefe gelb · das weiche grau
Von birken und von buchs · der wind ist lau
Die späten rosen welkten noch nicht ganz
Erlese küsse sie und flicht den kranz

Vergiss auch diese lezten astern nicht
Den purpur um die ranken wilder reben
Und auch was übrig blieb von grünem leben
Verwinde leicht im herbstlichen gesicht.

Anders als George und die Ästhetizisten der Jahrhundertwende betont die junge Czernowitzer Dichterin allerdings auch den Gehalt und die Intensität der Wirklichkeits- und Naturerfahrung, die so nicht zum Rohmaterial für symbolische Einkleidung und formale Durchgestaltung degradiert wird, sondern die ihren Eigenwert innerhalb einer ganzheitlichen Darstellung der Lebenswelt des Ichs bewahrt. Welterfahrung und Icherfahrung werden so relationiert und korrespondieren aufs engste miteinander. In diesem Sinn stellt Selma Merbaums Gebrauch des Begriffs der »Blütenlese« eine Neukodierung des ästhetizistischen Modells dar, in der jener bei George statuierte Prozess abstrahierender Entsubstantialisierung und Sublimierung wieder umgekehrt wird, Kunst und Lebenswirklichkeit wieder einander angenähert werden. Diese Rückbindung an die Erfahrungswirklichkeit schlägt auch eine entfernte Verbindung zu denjenigen Tendenzen der Lyrikentwicklung der 1920er und 1930er Jahre, die eher unter dem Begriff der Neuen Sachlichkeit zu verorten wären; allerdings überwiegt bei Merbaum immer wieder der Rekurs auf innere Vorgänge, auf seelische Prozesse vor allem der Sehnsucht und des Traumes. Gerade diese Verbindung zwischen der gewöhnlichen Welt alltäglicher Wahrnehmungen und der eindringlichen Sensibilität emotionaler Aufladung erzeugt ein Moment der Überhöhung, das man vielleicht mit Alltagstranszendenz bezeichnen könnte. Zwar ist diese Tendenz gerade bei jungen Dichterinnen und Dichtern nicht selten, doch Merbaum gelingt es, nicht zuletzt durch ihr Sprachbewusstsein und ihre Geschultheit an großen Vorbildern, einen Ton zu finden, in dem sich eine eigene Stimme zu artikulieren beginnt. Ihre Dichtung ist evident neuromantisch und symbolistisch geprägt, wobei solche Tendenzen nicht nur entwicklungspsychologisch typisch für die meiste in bereits so jungen Jahren entstehende Lyrik sind, sondern sich auch bei anderen Dichtern und Dichterinnen der Bukowina in der Zwischenkriegszeit ausmachen lassen, so etwa bei der dreiundzwanzig Jahre älteren Rose Ausländer, selbst noch in den frühesten Gedichten Paul Celans.

Selma Merbaums *Blütenlese* hat als sorgsam komponierter Band eine doppelte Struktur: Zum einen trägt sie durchaus Züge eines lyrischen Journals, zum anderen sind die Binnenzyklen ebenfalls als strukturbildende Einheiten mit thematischen und motivischen Kernen aufzufassen. Dies lässt sich unter anderem an den Datierungen ablesen – nur vier der 58 Gedichte sind undatiert (*Rote Nelken*; *Es ist so viel buntes Geschehen*; *Schlaflied für dich*; *Schlaflied für die Sehnsucht*). Das die Sammlung eröffnende *Lied* ist auf den 25.12.1939 datiert, das an letzter Position befindliche Gedicht *Tragik* auf den 23.12.1941. Das wohl am frühesten entstandene Gedicht *Gilu* – die Unterschrift weist »Mai oder Juni 1939« als Entstehungszeitraum auf – eröffnet den sechsten, »Fahnen« überschriebenen Binnenzyklus, während das *Stefan Zweig* betitelte Gedicht, das als Hommage die Wirkung der Lektüre dieses von vielen jüdischen Autoren als maßgebliche Autorität erachteten Schriftstellers auf die junge Dichterin thematisiert, den zuletzt verfassten Text darstellt, der Aufnahme in das Album finden konnte – die Datierung des im neunten Binnenzyklus situierten Gedichts nennt den 24.12.1941 als Entstehungstag. Es ist also einerseits eine relativ stringente zeitliche Fortschreitung und -schreibung erkennbar, die für den Charakter eines lyrischen Journals spricht, die aber andererseits dort durchbrochen ist, wo dies durch thematische oder motivische Gründe angezeigt erscheint, was wiederum das Augenmerk auf die zyklische Struktur des Bandes lenkt. Sieht man von dem die Sammlung als Ganze einleitenden *Lied* ab, so ist das Album in zehn Binnenzyklen unterschiedlichen Umfangs aufgeteilt: »Apfelblüten« (drei Gedichte), »Dunkler Flieder« (zwölf Gedichte), »Nachtschatten« (zwölf Gedichte), »Rote Nelken« (vier Gedichte), »Sterne« (zwei Gedichte), »Fahnen« (drei Gedichte), »Fremdländische Orchideen« (sechs Gedichte), »Teeblüten« (zwei Gedichte), »Weiße Chrysanthemen« (sieben Gedichte), »Wilder Mohn« (sechs Gedichte) – wie bereits erwähnt, gibt es noch die wohl ebenfalls als Zyklustitel gedachte Überschrift »Schlafmohn«, der keine Gedichte mehr folgen. Die ersten sieben Binnenzyklen sowie das einleitende *Lied* sind als »Der Blütenlese erster Teil« ausgewiesen, der folgende zweite Teil ist erkennbar unvollständig. Sieht man von den Zyklen »Sterne« und »Fahnen« ab, als deren Referenzhorizont sich das schon genannte zionistische Engagement Merbaums in der Jugendorganisation »Hashomer Hazair« ausmachen lässt, so dominiert ganz gemäß dem Albumtitel das Modell der floralen Symbolik, was in dem darin zum Ausdruck kommenden Gestaltungswillen weiblicher dichterischer Weltaneignung an vergleichbare Zyklenbildung bei Gertrud Kolmar erinnert, etwa »Preußische Wappen« oder »Welten«, wenngleich vielleicht nicht in derselben Konsistenz und Komplexität wie bei der schon älteren und als Dichterin weitaus erfahreneren Cousine Walter Benjamins.

Das vor den Zyklen platzierte *Lied* setzt gewissermaßen den Kammerton der gesamten Sammlung und ist in vieler Hinsicht charakteristisch für Selma Merbaums Dichtung. Zum einen gehören liedhafte Formen zu den von der Autorin bevorzugten Gattungsmodellen, obwohl sie sich auch vereinzelt an anderen Gattungen wie dem Sonett, dem aus der slawischen Tradition stammenden komplexeren Poem oder an langversigen, eher auf elegische Dichtung verweisenden Formen (*Rote Nelken*; *Tränenhalsband*) versucht hat. Zum anderen zeigt sich in diesem sehr persönlichen, die unglückliche Liebe zu Lejser Fichman reflektierenden Gedicht die verwickelte Verbindung von Naturerfahrung und -symbolik und emotionaler Besetzung, wobei trotz gelegentlich aufblitzender Glücksmomente ein melancholisch-elegischer Grundton überwiegt. Und nicht zuletzt demonstriert das Gedicht auch das Bewusstsein seiner sechzehnjährigen Verfasserin für die lyrische Bilder- und Formensprache – wenngleich manches noch stark auf literarische Vorbilder und Konventionen verweist, ist durchaus ein eigener Ton, eine eigene Stimme zu vernehmen:

*Lied*

Heute tatest du mir weh.
Rings um uns war Schweigen nur,
Schweigen nur und Schnee.
Himmel war, nicht wie Azur,
blau jedoch und voll mit Sternen.
Windeslied erklang aus fernsten Fernen.

Heute warst du mir ein Schmerz.
Häuser waren da, so weiß verschneit,
alle in des Winters Kleid.
Ein Akkord in tiefer Terz
war in unsrer Schritte Klang.
Bahnsirenen heulten lang …

Heute war es wunderschön.
Schön wie tiefverschneite Höh'n,
eingetaucht im Abendglutenring.

Heute tatest du mir weh.
Heute sagtest du mir: geh!
Und ich – ging.

Farben und Klänge sind in dieser Dichtung zentrale Elemente der Relationierung von Welt und Ich, die Perzeption und Apperzeption im ästhetischen Prozess verschmelzen lassen. Dies zeigt sich etwa am Kontrast des »Akkord[s] in tiefer Terz« zu den heulenden »Bahnsirenen«, wodurch die vom lyrischen Ich empfundene Zusammengehörigkeit mit der trotz der offensichtlichen Asymmetrie der Empfindungen geliebten Person dem disharmonischen, Schmerz und Abschied suggerierenden Symbol der Bahnsirenen gegenübergestellt wird. Bei den anaphorischen Anfängen der Versgruppen überwiegt das durch das Du zugefügte Leid, das in endgültige Zurückweisung und im – auch metrisch verkürzten – Abschied kulminiert.

Die darauffolgenden einzelnen Binnenzyklen setzen ihre jeweils eigenen Akzente. So dominiert in »Apfelblüten« das Moment des Visuellen, das Spiel der Farbwahrnehmungen wie im dort erstplatzierten Gedicht *Farben*. Der Zyklus »Dunkler Flieder« ist geprägt vom Rhythmus der Zeitlichkeit; es sind vor allem jene Jahres- und Tageszeiten, die den Übergang markieren, wie Frühling und Herbst, Nachmittag und Abend. Das mehrfach auftretende Motiv der welken Blätter gemahnt immer wieder an die Vergänglichkeit und den Tod, wobei auch hier wieder die autopoetisch-selbstreflexive Dimension durchscheint (z. B. in *Welkes Blatt*). In »Nachtschatten« überwiegen erwartungsgemäß jene Gedichte, die um die ›Nachtseite‹ der Existenz kreisen; Sehnsucht, Trauer, Traum und Tod sind die zentralen Gegenstände, das diese verbindende Motiv des Regens – eine der zentralen Chiffren in der Dichtung Selma Merbaums – tritt hier auffällig gehäuft auf. Im Mittelpunkt dieses Zyklus steht das längste Gedicht des Bandes, *Poem*, eines der eindrucksvollsten und erschütterndsten Gedichte. Wolfgang Emmerich, der aufgrund der Datierungen die Bezüge der

Gedichte zu den historischen Ereignissen betont und die Gedichte Selma Merbaums als »›Chronik der laufenden Ereignisse‹ in der Bukowina 1939–41« liest, hat darauf hingewiesen, dass das am 7. Juli 1941 entstandene *Poem* als direkte Reaktion auf die einen Tag zuvor erfolgte Besetzung von Czernowitz durch die Einsatzgruppe D der SS zu verstehen sei, wodurch sich auch die Sprengung der Form am Ende des Gedichts erklärt. Die so nah gerückte Todesdrohung und der ihr gegenüber formulierte Lebenswunsch des Ichs zersetzen den Fluss der Verse und lösen ihn auf:

Sie kommen dann
und würgen mich.
Mich und dich
tot.
Das Leben ist rot,
braust und lacht.
Über Nacht
bin ich
tot.

Ein Schatten von einem Baum
geistert über den Mond.
Man sieht ihn kaum.
Ein Baum.
Ein
Baum.
Ein Leben
kann Schatten werfen
über den
Mond.

Ein
Leben.
Hauf um Hauf
sterben sie.
Stehn nie auf.
Nie
und
nie.

Im dann folgenden Zyklus »Rote Nelken« werden vor allem Motive einer erotisch-sehnsuchtsvoll besetzten Körperlichkeit wie Haar und Hände in den Vordergrund gerückt, was der Symbolik der Nelke, einerseits als Blume besonders üppiger Sinnlichkeit, anderseits aber auch als Chiffre unerfüllter Liebe sowie – durch den die Blütezeit überdauernden Duft – der Erinnerung daran, entspricht. Der nur aus den beiden Gedichten *Schlaflied* und *Wiegenlied* bestehende Zyklus »Sterne« verknüpft die individuelle Perspektive mit einer eminent politischen, denn das *Wiegenlied* bezieht sich deutlich auf die Situation der zionistischen Siedler und Pioniere in Palästina. Beiden im Januar 1941 entstandenen Texten gemein ist die Bedrohung der jüdischen Existenz, wodurch eine Parallele zwischen der Situation in Europa und der in Palästina gezogen wird und somit die titelgebenden »Sterne« nicht nur auf das nächtliche Setting referieren, sondern auch als Symbol des – gefährdeten, aber auch wehrhaften – Judentums fungieren, wenn man etwa an den Stern Davids denkt, der ja ursprünglich den Schild des alttestamentarischen Königs zierte. Diese politische Dimension setzt sich auch im nächsten Zyklus »Fahnen« fort: *Gilu* liegt das zionistische Lied »Gilu Hagalilim« (»Freut euch,

Galiläer«) zugrunde und beschreibt im ekstatischen Tanz das jugendliche, nach »Freiheit auf allen Gebieten« strebende Lebensgefühl der Pioniere von »Hashomer Hazair«. Und auch Bilder wie die »altbekannte, weiße Herde«, die sich in *Lied der Freude* behaupten kann, und die nach einem Sturm aufbrechende Rosenknospe in *Der Sturm* legen eine politische Lesart nahe. Unter dem suggestiv exotischen Titel »Fremdländische Orchideen« enthält der siebte Binnenzyklus Übersetzungen von fünf Gedichten, zwei aus dem Jiddischen (*Ich bin der Weg gen Untergang* von Itzig Manger und *Schlaflied* von H. Lejwik [eigentlich Leivick Halpern]), zwei aus dem Französischen von Paul Verlaine (*Chanson d'automne* und *Il pleure dans mon cœur comme il pleut sur la ville, Chanson d'automne* sogar in einer deutschen und einer jiddischen Version) sowie eines aus dem Rumänischen von Discipol Mihnea (*Dämmerung*). Hier erweist sich die von Rose Ausländer in der Retrospektive unter der Formel »viersprachig verbrüderte Lieder« beschworene gelebte Multikulturalität der Stadt am Pruth und ihrer jüdischen Bevölkerung als besonders signifikant. Ist mit Manger der bedeutendste Vertreter der jiddischen Lyrik aus Czernowitz präsent, der das Schicksal des jüdischen Volkes in seiner Dichtung – wie in der vorliegenden Übersetzung – thematisierte, so liefert der Symbolist Verlaine mit seinem elegisch-melancholischen Ton vielleicht das intensivste Bezugsmodell für die Dichtung Merbaums, auch hinsichtlich zentraler Motive. *Il pleure dans mon cœur comme il pleut sur la ville* mag als Grundinspiration für das die Dichtung Merbaums charakteristisch durchziehende Motiv des Regens gedient haben, ebenso wie *Chanson d'automne* ein Vorbild für die Jahreszeiten-Gedichte gewesen sein dürfte.

Wie bereits erwähnt, war Verlaine ein in der jüdischen Czernowitzer Literatenszene besonders geschätzter Lyriker – auch vom jungen Celan fanden sich im Nachlass Alfred Margul-Sperbers zwei Übersetzungen von Gedichten Verlaines. Wie die den ersten Teil des Albums einleitenden »Apfelblüten«, so sammeln die den zweiten Teil eröffnenden »Teeblüten« Grunderfahrungen, hier vor allem den Bezug des lyrischen Ichs zu den elementaren Mächten der Erde. Bedenkt man die äußeren Entstehungsbedingungen dieser beiden am 1. August 1941 verfassten Gedichte, so wirken sie wie eine Rückversicherung des von den brutalen Zwängen der Okkupation bedrängten Subjekts, eine Vergewisserung über die auch für dieses Subjekt noch wirksamen Kräfte der Natur. »Weiße Chrysanthemen« ist ein eher heterogener Zyklus, in ihm werden Einsamkeit, Verlassenheit und Sehnsucht des lyrischen Ichs zu Zeichen einer zunehmenden Verdüsterung, die den Verlust des Geliebten widerspiegelt, wenngleich es auch vereinzelt Kontrapunkte dazu gibt, wie in der schwärmerischen Hommage an Stefan Zweig. In »Wilder Mohn« wird diese Tendenz noch gesteigert, der Liebesverlust und die existentielle Todesdrohung werden ineinander geblendet, entsprechend der ambivalenten Wirkung und Symbolik des Mohns als Pflanze des Rausches, der Betäubung und Schmerzlinderung, des Schlafs, des Traums und des Todes, am eindringlichsten im die Sammlung beschließenden Gedicht *Tragik*:

Das ist das Schwerste: sich verschenken
und wissen, daß man überflüssig ist,
sich ganz zu geben und zu denken,
daß man wie ein Rauch ins Nichts verfließt.

## IV

Die Geschichte der Tradierung des Albums von Selma Merbaum zeigt, dass der im Zusammenhang mit den Zeugnissen der Shoah vielbeschworene ›Zufall des Überdauerns‹ in nicht wenigen Fälle auf die Treue der Überlebenden gründet. Es ist anzunehmen, dass Selma Merbaum das Album kurz vor ihrer Deportation im Juni 1942 jemandem übergeben konnte, der es dann an Else Schächter-Keren, eine Freundin der jungen Dichterin, weiterreichte. Sie gab den Band danach an den eigentlichen Adressaten, Lejser Fichman, weiter, der vor seiner Flucht ihn jedoch wieder in Schächter-Kerens Hände legte. Diese tauschte das Album nach der Befreiung der Bukowina von den deutschen Truppen mit einem weiteren Mitglied des Czernowitzer Freundeskreises, Renée Abramovici-Michaeli, gegen einen an Schächter-Keren gerichteten Brief Merbaums ein. Nach langen Wegen durch das Nachkriegseuropa, auf denen sie das Manuskript ihrer Jugendfreundin begleitete, gelangte Renée Abramovici-Michaeli schließlich nach Israel. Durch eine Verwandte Merbaums und Celans, Edith Rones-Hubermann, wurde der ehemalige Czernowitzer Klassenlehrer Merbaums, Hersch Segal, auf das Manuskript aufmerksam, der dann in einem Privatdruck 1976 in Rehovot erstmals die gesamten Gedichte herausgab (wie erwähnt, war *Poem* ja bereits 1968 in gekürzter Form in der DDR-Anthologie *Welch ein Wort in die Kälte gerufen* abgedruckt worden). Dies war auch die Grundlage der im Verlag der Tel Aviver Universität 1979 erschienenen ersten öffentlichen Ausgabe, die Adolf Rauchwerger besorgte und die neben dem Nachwort von Hersch Segal auch Faksimile, Fotos und andere

Dokumente zu den Lebensumständen der Autorin enthielt. Auf diese Ausgabe wurde der Stern-Redakteur Jürgen Serke durch Hilde Domin hingewiesen, der dann die Gedichte unter dem Titel *Ich bin in Sehnsucht eingehüllt* 1980 bei Hoffmann und Campe herausbrachte. Damit begann fast vierzig Jahre nach dem Tod Selma Merbaums die eigentliche Wirkungsgeschichte. Dass Selma Merbaums Texte es nahezu siebzig Jahre nach dem Tod ihrer Autorin durch Hitlers willige Vollstrecker geschafft haben, bis in die deutsche Populärkultur vorzudringen, belegt nicht nur ein von der Schauspielerin Iris Berben gelesenes Hörbuch ihrer Gedichte, sondern auch die unter der Ägide des World Quintet aufgenommene, 2005 erschienene CD *Selma – In Sehnsucht eingehüllt*, auf der so unterschiedliche Stars der deutschen Musikszene wie Reinhard Mey, Ute Lemper, Thomas D und Joy Denalane zwölf ihrer Gedichte musikalisch interpretieren. Daneben existieren mehrere Bühnenstücke, die sich mit der Dichterin befassen. Von einer Vergessenen zu einer Kultautorin: ein ebenso erstaunlicher wie für die zeitgenössische Rezeption der mit der Shoah verbundenen Kultur doch nicht untypischer Befund. Es bleibt zu hoffen, dass der sich darin manifestierende Weg vom kommunikativen zum kulturellen Gedächtnis auch im Sinn des von Selma Merbaums Großcousin Paul Celan beschworenen dialogischen Prozesses solcherart adressierter, ›aufgegebener‹ Gedichte verlaufen ist – dass die »Flaschenpost« nicht nur »Land«, sondern »Herzland« erreicht hat.

# Gedichtüberschriften und -anfänge